COMPOSITIONS

CLASSÉES LES PREMIÈRES AU CONCOURS GÉNÉRAL

ENTRE LES ÉLÈVES DES LYCÉES DE PARIS

POUR LA CLASSE DE PHILOSOPHIE, EN 1873.

Coulommiers. — Typ. A. MOUSSIN.

CHARLES LEMOINE

COMPOSITIONS

CLASSÉES LES PREMIÈRES AU CONCOURS GÉNÉRAL

ENTRE LES ÉLÈVES DES LYCÉES DE PARIS

POUR LA CLASSE DE PHILOSOPHIE,

EN 1873.

DISSERTATION FRANÇAISE (Prix d'honneur).

DISSERTATION LATINE (Premier prix).

PARIS

LIBRAIRIE GERMER BAILLIÈRE

17, RUE DE L'ÉCOLE-DE-MÉDECINE, 17

1875

DISSERTATION FRANÇAISE

(PRIX D'HONNEUR)

Le Cœur.

Les naturalistes appellent cœur ce gros muscle creux qui distribue le sang dans toutes les parties du corps de l'animal; lorsque le cerveau est frappé d'une forte impression, le cœur en ressent comme un contre-coup qui l'agite, le dilate ou le resserre, suivant la nature de l'impression; aussi, dès la plus haute antiquité, le cœur a été regardé par le vulgaire comme le siége de la sensibilité physique. Quand nous

lisons les littérateurs et les poètes, nous voyons
ce mot pris dans des acceptions toutes différentes. On dit en parlant d'un soldat brave : c'est
un homme de cœur ! Cœur signifie là courage
ou sentiment de l'honneur, comme dans le
fameux mot de Don Diègue : Rodrigue, as-tu du
cœur? Nous disons aussi d'un enfant qui mani-
feste des instincts cruels, qu'il n'a pas de cœur :
cela veut dire qu'il est peu susceptible de com-
passion, peu charitable. On dit : un bon cœur,
un mauvais cœur, pour un homme plein de
bonté ou plein de méchanceté. Comment en
est-on venu à traduire les idées de courage,
d'honneur, de charité par un même mot qui dé-
signe primitivement l'organe dans lequel siége
la sensibilité physique? La transition est bien
simple : de même qu'on a donné au principe de
la vie morale le nom d'esprit ou d'âme parce
qu'on croyait que le souffle était le principe de
la vie physique, de même le mot cœur, après

avoir signifié la sensibilité physique, s'est appliqué à la sensibilité de l'âme. Mais n'est-ce pas toujours l'âme qui sent, et toute sensation n'est-elle pas dans l'âme? Sans doute; il n'en est pas moins vrai qu'on peut distinguer comme deux sensibilités : l'une tournée vers le monde extérieur sert de lien entre mon âme et les corps; l'autre, pour ainsi dire intérieure et tournée vers l'âme, reflète comme un miroir toutes les imperfections qui viennent du dedans. Il va sans dire que ce n'est qu'une seule et même faculté, la faculté de sentir, le cœur, c'est-à-dire moi, être sensible; la différence est dans l'objet et non dans le sujet de la sensation. On appelle plus volontiers sensibilité la sensibilité physique et cœur la sensibilité morale. C'est donc de celle-ci qu'il faut nous occuper particulièrement.

I

On peut dire que le cœur est le principe des
passions et des instincts, mais des passions
nobles et des instincts supérieurs ; c'est la source
des douleurs et des jouissances intellectuelles
et morales. Quand nous cherchons une vérité
de quelque ordre que ce soit, quand nous étu-
dions les phénomènes pour en découvrir la loi,
quand nous analysons un principe pour en
déduire les conséquences, nous ne faisons pas
cela froidement et par la force seule de notre
volonté ; nous y mettons de l'ardeur, nous nous
absorbons dans cette tâche, nous nous passion-

nons pour cette inconnue qui se voile et nous fuit sans cesse, nous nous acharnons à sa poursuite; et si notre attente est frustrée trop longtemps, le découragement et le désespoir nous prennent, nous y renonçons, mais avec douleur, et nous avons le cœur serré en songeant qu'elle n'est point pour nous. Si, au contraire, nous l'avons enfin saisie après de longues fatigues, il y a quelque chose en nous qui se réjouit et qui tressaille d'allégresse, et notre intelligence satisfaite ne cherche plus rien au-delà. D'où vient cette ardeur? D'où vient ce plaisir, d'où vient cette souffrance? N'avons-nous pas pris sur le fait et comme dans l'exercice de ses fonctions cette faculté que nous appelons le cœur?

Platon trouvait dans l'âme trois facultés, la raison, le cœur et la concupiscence; et il comparait l'âme à un char attelé de deux chevaux : l'un est la concupiscence, τὸ ἐπιθυμητικόν ; il est noir, il a les membres tortus, les yeux sortant de la tête, la bouche écumante, les naseaux pleins de feu ; l'autre, ὁ θυμός, est blanc, gracieux, plein d'ardeur mais docile au frein et à la voix de son maître. Ce maître qui conduit l'attelage est la raison, ὁ νοῦς. Aidé du cheval blanc, il cherche à diriger le char vers les régions supérieures du ciel où l'on peut voir les essences, tandis que le cheval noir, rebelle et vicieux, essaie d'entraîner son compagnon vers la terre, séjour des passions impures et des honteuses voluptés. Rien n'est plus capable que ce mythe célèbre de faire comprendre le rôle du cœur dans l'âme humaine.

Nous sommes faits pour connaître la vérité, car nous sommes des êtres raisonnables ; mais la raison pure, si elle pouvait exister, serait une faculté inerte et morte, une faculté nulle. Figurez-vous une intelligence qui fût capable de connaître la vérité, mais qui n'eût aucune raison pour la chercher, aucun désir de la posséder. Elle restera éternellement face à face avec la vérité, sans faire un pas vers elle. En vain la vérité agira de son côté : tant que l'intelligence sur laquelle elle agit ne réagira pas, il ne se produira rien ; la connaissance suppose une réaction mutuelle de l'objet vers le sujet et du sujet vers l'objet, et l'on peut presque dire avec certains philosophes que c'est la pénétration et l'identification de ces deux termes. Pour que l'intelligence aille au devant de la vérité, il faut que quelque chose la pousse et la pousse de telle façon qu'elle ne soit pas simple automate, mais véritable agent. Il faut que, sans connaître la vérité, elle en ait cependant l'idée, et que cette idée l'attire à la poursuite de son objet. C'est ce qui a lieu dans l'âme humaine ; notre intelligence est douée d'un instinct qui lui fait pressentir la vérité ; et, comme si cet instinct ne suffisait pas, elle a encore la faculté de l'aimer. « Oui, s'écrie M. Cousin, oui l'âme aime la vérité; chose admirable! un être chétif, perdu dans un coin de l'univers et qui, ce semble, n'a pas trop de toutes ses forces pour conserver et embellir un peu sa vie, cet être est capable de se passionner pour la vérité! » Cette partie de nous-mêmes qui a soif de la vérité, qui jouit et qui souffre ainsi selon l'état de l'intelligence, c'est précisément le cœur, c'est le cheval blanc de Platon, qui, dès qu'il entrevoit son objet, se sent pénétré de respect et transporté d'admiration. Tandis que le cheval noir, dompté par le cocher, se couche et tressaille d'épouvante, son compagnon jouit du bonheur que lui cause cette vision ravissante et inonde de sueur tout l'attelage.

« Le cœur, a dit Labruyère, est insatiable, parce qu'il aspire à l'infini. » En effet, le caractère essentiel de cette faculté c'est d'être insatiable. La vérité est infinie puisqu'elle n'est

qu'en Dieu ; or, pour pousser l'âme vers l'infini, il fallait une faculté dont la force fût infinie ;
et le cœur devait ou être insatiable ou posséder
la vérité absolue. S'il avait possédé la vérité, il
aurait rendu l'intelligence inutile, attendu que
celui qui connaît par intuition n'a pas besoin de
recourir au raisonnement et aux opérations
discursives. La νόησις exclut la διάνοια. Mais le
cœur, ayant une soif infinie de la vérité, y aspire
sans cesse sans pouvoir jamais l'atteindre et,
dans son élan sublime, il entraîne l'intelligence
à sa suite vers ce monde des idées qui l'attire
lui-même. Et non-seulement il l'entraîne, mais
il lui fait partager toutes ses émotions ; il la fait
jouir de ses joies et souffrir de ses souffrances ;
il la rend comme lui infinie, ou, pour mieux
dire, capable de l'infini. On demande d'où vient
ce vide qui se creuse dans l'intelligence à mesure qu'elle avance dans la connaissance de la
vérité, ce vide qu'elle découvre à chaque pas

de son progrès et qui l'épouvante toujours de plus en plus. Ne semble-t-il pas que cet espoir intime que nous avons de posséder un jour la vérité parfaite devrait s'accroître chaque fois que nous entrevoyons une vérité nouvelle? Et pourtant c'est le contraire; plus nous savons, plus nous désespérons de tout savoir, en sorte que le dernier mot du savant paraît être la devise de l'ignorant : « Οὐδὲν οἶδα πλὴν ὅτι οὐδὲν οἶδα, » ou la devise du sceptique : « Πάντα ἦν καὶ εἶδον πάντα οὐδὲν εἶναι. » C'est que plus nous comprenons le fini, plus nous comprenons que l'infini est incompréhensible. Quand nous avons parcouru toutes les sciences humaines, si nous nous souvenons que notre condition n'est pas définitive, pleins d'espérance nous parlons comme Socrate; si nous l'oublions, le désespoir nous prend et nous répétons le mot de Marc Aurèle. Ces deux aveux d'impuissance de la raison humaine sont deux conséquences différentes de ce pressentiment de l'infini qui nous tourmente et qui, nous poussant vers la vérité absolue, nous empêche de nous contenter des vérités relatives et particulières que nous parvenons à entrevoir dans les ténèbres de cette vie. Mais le cœur n'a pas seulement un instinct vague et général qui lui fait pressentir la vérité pure; il a aussi une sorte d'intuition des plus hautes vérités métaphysiques. N'avons-nous pas l'instinct de notre liberté, l'instinct de notre immortalité, le pressentiment de Dieu? Mais c'est la raison intuitive, dira-t-on. Sans doute; dans l'âme humaine tout se tient parce qu'elle est une. Il n'y a pas de ligne de démarcation entre telle faculté et telle autre, entre le cœur et la raison, puisque c'est toujours le même être, le même moi qui agit. L'intuition des vérités métaphysiques n'appartient pas à la raison plutôt qu'à la sensibilité; car nous sentons que Dieu est, plus encore que nous ne le comprenons. Sans doute il faut être raisonnable pour avoir l'idée de Dieu et c'est la raison qui le conçoit si l'on veut, mais ce n'est plus cette raison froide et insensible comme la raison du mathématicien, c'est une raison vivante et passionnée qui vit d'émotions et d'amour. L'idée de Dieu ne peut demeurer abstraite et nue dans notre esprit comme la conception d'un triangle. Sitôt que nous avons conçu Dieu, nous l'aimons, et, si nous ne l'aimons pas, nous sommes incapables de le concevoir. La capacité de l'intelligence est trop petite pour concevoir l'infini, il faut que le cœur la dilate pour l'égaler à son objet.

C'est ainsi qu'on doit entendre le mot « cœur » dans Pascal. Quand il oppose le cœur et la raison, quand il dit que « le cœur a ses raisons que la raison ne connaît pas, » il ne fait qu'exprimer d'une manière vive et hardie les deux formes de la raison ; il appelle cœur la raison intuitive, réservant à la discursive le nom de raison. Mais y a-t-il réellement, comme il le dit, opposition et contradiction entre ces deux facultés? Loin de là, elles se complètent et se secourent l'une l'autre avec une parfaite harmonie. Chacune d'elles a son genre de certitude et elles ne sont trouvées trompeuses que si l'on demande à chacune d'elles le genre de certitude qu'elle ne comporte pas. Il y a des vérités que nous connaissons par l'une des deux seulement; mais la plupart des grandes vérités spéculatives et morales nous sont révélées par l'une et confirmées par l'autre. L'instinct qui est infaillible nous dit qu'il y a un Dieu, nous le sentons; c'est la foi primitive, premier moment de la connaissance. Mais ensuite la pensée vient à douter par la réflexion; elle se dédouble alors et s'oppose à elle-même; puis, après avoir parcouru une série de raisonnements plus ou moins longue, elle revient à son point de départ, mais éclaircie et vivifiée par cette épreuve. Il n'y a pas plus à la fin qu'au commencement, en ce sens que c'est toujours le même objet que l'âme connaît; mais à la connaissance confuse, instinctive, irréfléchie, πίστις, a succédé la connaissance claire, voulue, réfléchie, διάνοια. Ces deux modes de connaissance sont tous deux imparfaits par rapport à l'intuition pure, νόησις. Mais ils ont chacun un des éléments de cette intuition. L'instinct est aveugle, mais infaillible : « le privilége triste et sublime de la réflexion, dit M. Cousin, c'est l'erreur, mais la réflexion porte avec elle son remède; » et, si elle est faillible, elle a ce que n'a pas l'instinct, ce qu'a au plus haut degré l'intuition : la lumière. La réflexion toute seule serait impuissante, car, s'il n'y avait pas une pensée primitive qui pût se réfléchir, la réflexion ne ferait naître aucune idée dans l'esprit.

Ainsi le cœur ou, de quelque nom qu'on l'appelle, cette faculté qui pressent avant toute réflexion les vérités dernières, ὑστάτας, selon le mot de Platon, et les contient en germe, est comme le centre de l'âme d'où tout part et où tout aboutit. C'est elle qui montre à la raison le but qu'elle doit atteindre, c'est elle qui emporte l'intelligence dans ce voyage vers les essences, ἀνάβασις; c'est elle qui la ramène par les détours du raisonnement jusqu'à son point de départ et la relance encore à la recherche de nouvelles vérités sans jamais lui permettre de s'arrêter par lassitude à des objets incapables de satisfaire une intelligence créée pour la vérité. Voilà quel est le rôle du cœur par rapport à l'intelligence. Mais ce n'est qu'une face de la question, car la volonté pas plus que l'intelligence ne peut se suffire sans le cœur.

II

Au commencement d'une série de volontés, il y a autre chose qu'une volonté. Pour vouloir il faut vouloir quelque chose, et cette chose est nécessairement dans l'esprit avant qu'on la veuille. Mais outre cela il faut que l'âme soit portée à la vouloir. Bien que la volonté soit libre, elle est soumise à certaines conditions, et la première de ces conditions est qu'elle ne peut se mouvoir toute seule, il faut que le branle lui vienne d'ailleurs. En d'autres termes, le cœur qui reçoit lui-même son mouvement des objets extérieurs qui agissent sur lui, transmet ce mouvement à la volonté sous forme de mobile; non qu'il détermine le choix de la volonté, car alors il n'y aurait plus choix, mais il lui communique la puissance d'agir, la laissant libre d'agir comme il lui plaira. Voilà donc la volonté mise en mouvement : le rôle du cœur se borne-t-il là? Non; il n'est pas un acte de cette volonté dont il ne ressente le contre-coup. Il la suit pas à pas dans sa marche, souffrant quand elle est contrariée par les obstacles, jouissant au contraire quand elle se déploie librement et sans contrainte. Enfin, quand l'acte est accompli, selon qu'il est conforme ou contraire à la loi obligatoire, la sensibilité morale est affectée par la joie ou la douleur. Elle souffre des égarements de la liberté; ils lui font éprouver ce sentiment singulier qu'on nomme le remords et au contraire, quand la liberté s'épanouit dans la pratique du bien, la conscience est tranquille et satisfaite; et la conscience, c'est le cœur,

c'est la sensibilité morale d'un être libre et res-
ponsable.

Les mobiles par lesquels le cœur agit sur la
volonté peuvent se ranger sous trois chefs
principaux : amour de soi, amour de ses semblables, amour de Dieu. Les passions qui déri-
vent de l'amour propre n'ont rien de grand, ni
d'élevé ; elles sont nécessaires à la conservation
de l'individu qu'elles attachent à la vie comme
malgré lui, mais leur rôle est d'obéir et de se
soumettre à la raison ; lorsqu'elles viennent à
dominer dans l'âme, lorsque le cheval blanc et
le cocher n'ont pas la force de résister aux
mouvements désordonnés du cheval vicieux,
alors le char est emporté comme s'il n'avait
point de conducteur et l'âme plongée dans le
gouffre du vice y perd ses ailes et devient inca-
pable de remonter à la lumière. Aussi Platon
avait-il mis le siége de ces passions dans le
ventre et les parties basses du corps. Mais c'est

bien le cœur qui est le principe de toutes les autres, et de celles qui ont pour objet nos semblables et de celles qui ont pour objet Dieu lui-même.

Il y a dans notre âme une source qui s'épanche continuellement sur toutes choses, un foyer qui répand partout sa douce chaleur et ses rayons bienfaisants. Nos plus nobles passions, flammes émanées de ce feu divin, se portent en voltigeant sur tous les objets qu'elles rencontrent, et, pareilles à des feux follets, elles cherchent toujours et ne trouvent nulle part une matière qui les alimente. Parfois elles croient l'avoir trouvée et ce n'est jamais qu'une illusion. Inquiets, égarés, pressés par ce besoin d'aimer qui est le fond de notre nature, nous errons comme des âmes en peine, nous attachant ici et là par des liens éphémères, puis emportés par une puissance jalouse quand nous nous croyions fixés définitivement. Ce besoin

d'aimer, il est dans tout homme et il se mani-
feste de mille façons différentes. « Un soupir de
l'âme en présence du ciel étoilé, dit M. Cousin,
la mélancolie attachée au désir de la gloire et à
toutes les grandes passions l'expriment mieux
sans doute, mais ne l'expriment pas autrement
que ces amours vulgaires, errantes d'objet en
objet dans un cercle perpétuel d'ardents désirs,
d'illusions sans fin, de désenchantements dou-
loureux. » Ce qu'il y a de plus étrange dans ces
passions éphémères, c'est qu'elles ne peuvent
subsister un seul instant sans se croire éternelles ; et c'est précisément parce qu'elles se croient
éternelles qu'elles sont éphémères. Quand le
cœur s'éprend d'un objet, il veut l'aimer pour
toujours ; mais pour l'aimer ainsi il faut qu'il
en soit digne ; or, de quelque objet que le
cœur s'éprenne, tôt ou tard il reconnaît qu'il
s'est trompé, que ce n'est pas celui-là qu'il est
fait pour aimer éternellement, et il l'abandonne

comme indigne , s'imaginant que celui qu'il cherche existe ailleurs que dans l'infini. Car qu'est-ce donc que nous crie cette insatiable avidité, sinon que nous sommes faits pour posséder l'infini? C'est lui que nous cherchons, c'est lui que nous ne trouvons pas. « Cesser d'aimer, dit La Bruyère, preuve sensible que l'homme est borné et que le cœur a ses limites. » Et il ajoute : « On n'a pas dans le cœur de quoi toujours pleurer et toujours aimer. » Ce n'est point là la vérité ; ce n'est pas le cœur qui a des limites, c'est l'intelligence; ce n'est pas l'amour qui est borné, ce sont les objets dont il s'éprend; la source des regrets et des affections ne se tarit pas, mais elle est trop féconde pour qu'un seul objet puisse l'épuiser, et n'en trouvant aucun qui la contienne toute entière, elle se répand sur plusieurs aussi vainement. De même que tout à l'heure le cœur se confondait avec la raison, ici il se confond avec la volonté. L'acte de la volonté par excellence, c'est l'amour ; l'amour est le don de soi-même et le don de soi-même est un acte de cœur comme de volonté, c'est un « acte d'âme. »

« L'homme, dit Maine de Biran, peut s'identifier avec la matière en laissant absorber son moi, sa liberté, sa personnalité, et en s'abandonnant à tous les désirs et à toutes les impulsions de la chair ; il peut aussi s'identifier en quelque sorte avec Dieu en laissant absorber son moi dans l'exercice d'une faculté supérieure, l'amour. » En effet nous ne pouvons nous suffire à nous-mêmes, il serait puéril de chercher à le prouver. Il n'est pas moins évident que ce n'est pas dans la matière et dans les êtres qui nous sont inférieurs que nous trouverons de quoi satisfaire cet instinct mystérieux qui nous pousse hors de nous-mêmes. Est-ce autour de nous, est-ce dans nos semblables que nous trouverons un objet digne de notre amour ? Sur cette terre il n'en est point d'autres pour nous et nous avons bien des moyens de nous donner à nos semblables ; la piété filiale, l'amour paternel, l'amitié, l'amour, l'amour de la patrie, la charité sont autant de formes que peut prendre, non pas successivement mais à la fois, la faculté d'aimer qui est en nous. Mais toutes ensemble ne peuvent pas encore l'épuiser. Le cœur a beau donner sans cesse, plus il donne, plus il possède ; car tout ce qu'il donne à autrui, il semble se le donner à lui-même au centuple. Il n'y a qu'un seul objet qui soit capable de satisfaire entièrement et d'absorber en quelque sorte tout notre amour, c'est l'être infini et parfait, vérité, beauté, bonté absolue, c'est-à-dire Dieu. L'amour de Dieu comprend et résume toutes les autres passions ; il est l'acte suprême de la volonté libre, le dernier effort de l'âme. Il justifie, il explique, il rend même obligatoire l'amour du prochain et il se suffit à lui-même. En effet

Dieu n'est pas seulement la bonté ou l'amour absolu, il est aussi le souverain aimable. De lui découle toute puissance d'aimer et toute qualité aimable. C'est donc lui en définitive que nous aimons en croyant aimer les créatures, ou plutôt ce que nous aimons en elles, ce sont les qualités aimables que Dieu leur a communiquées. Ainsi, en réfléchissant, nous trouvons bien peu d'objets qui soient dignes de notre amour. « Il faut être bien sûr de ses attachements pour oser les mettre à l'épreuve de la réflexion. O Psyché, Psyché, respecte ton amour, n'en sonde pas trop le mystère, garde-toi d'approcher la redoutable lumière de l'invisible amant dont ton cœur est épris ; aux premiers rayons de la lampe fatale, l'amour s'éveille et s'envole : image charmante de ce qui se passe dans l'âme lorsqu'à la sereine et insouciante confiance du sentiment succède la réflexion avec son triste cortège ! (V. Cousin.) » L'amour

de Dieu n'a pas à craindre l'épreuve de la réflexion ; l'amour instinctif et irréfléchi est bon
quand il s'agit des créatures, mais l'être suprême doit être aimé par l'âme tout entière,
« ὅλη τῇ ψυχῇ » La réflexion ne fait que fortifier
l'amour de Dieu, parce qu'il n'y a pas à craindre qu'elle découvre quelque défaut dans un
objet parfait et que le cœur, à mesure qu'il le
connaît mieux, se donne plus volontairement,
plus librement à lui. L'amour que nous don-
nons aux autres hommes ne peut jamais être
parfait ; le véritable amour ne se partage point,
il est tout entier à chacun, c'est ce qu'exprime
le symbole de la communion : l'amour que Dieu
a pour vous ne nuit pas à l'amour qu'il a pour
moi, parce qu'il est parfait ; de même l'amour
que j'ai pour Dieu ne nuit pas à l'amour que j'ai
pour vous, parce qu'on n'aime Dieu que d'une
manière parfaite. « L'amour de Dieu ne peut
être terni par aucun sentiment d'envie ni de ja-

lousie, dit Spinoza, et il est entretenu en nous avec d'autant plus de force que nous nous représentons un plus grand nombre d'hommes comme unis avec Dieu d'un même lien d'amour. » C'est à cet amour parfait que nous aspirons tous tant que nous sommes. C'est lui qui remplira seul notre cœur et poussera notre liberté jusqu'à sa perfection.

Ainsi, soit par la voix de l'intelligence, soit par celle de la volonté, le cœur nous mène à Dieu. Epris de la perfection infinie qu'il pressent et ne peut connaître, il cherche à saisir l'une de ces trois faces, la Beauté, la Vérité ou la Bonté, et il est suspendu à cet aimant comme le monde d'Aristote. C'est le cœur qui est le foyer de l'activité de l'âme, puisqu'il met en mouvement et la sensibilité et l'intelligence et la volonté ; c'est de lui que viennent tous les bons sentiments, tous les beaux mouvements, toutes les grandes pensées. Car, ainsi que l'a dit un philosophe contemporain (le P. Gratry), commentant sans doute la pensée de Vauvenargues : « L'esprit s'élargit quand il fait chaud dans l'âme ; les pensées sont grandes, quand le cœur les dilate. »

4 Juillet 1873.

DISSERTATION LATINE

(PREMIER PRIX)

De optimo pro patria vivendi et moriendi modo.

Apud veteres philosophos legimus tripertitam
esse omnem officiorum rationem ; prima scilicet
deos, altera patriam, tertia parentes spectare.
Ita enim illi existimabant deos supra omnia co-
lendos esse et diligendos, quippe qui genus hu-
manum providentia sua conservarent; sed patriam secundum deos æstimabant, neque pietatem illam qua parentes nostros complectimur

2.

communis illius parentis pietati anteponebant,
quam Plato πατρίδα και μητρίδα vocari velit. Illa
enim nos genuit atque aluit; illa per quos ge-
niti sumus genuit; illa natos natorum et qui
ab iis nascentur una eademque origine con-
jungit. Quid est autem patria? Num hæc tellus
in qua natus atque educatus sum, hæc domus
ubi vixi, hæc demum patria mea est? Ergo ad
tecta et parietes, aut exiguum pulveris tractum
pertinet illa appellata pietas? Nihil ego nisi materiam et nudum terræ angulum diligo? Quod
quamvis sit absurdius, confitendum est certe
et dulcedinem quamdam eis locis inesse quæ
pueri habitare et perlustrare solebamus; ibi
enim alius cœli haustus, alius lucis adspectus,
alia camporum facies; neque vanas querelas
effudere qui exsulum cruciatus et desideria
procul a natalis tugurii limine cecinerunt.
Nempe homini quædam, vera quidem illa, patria est, cujus semper memoria animum of-

fundit desiderioque sollicitat. Unde enim oriundi sumus, huc nos regressuros, nescio quo « instinctu » moniti, speramus et confidimus. Hæc autem terrestris patria nihil aliud est quam cœlestis patriæ effigies et quasi umbra, tenebris hujus mundi obscurata, sed tamen in animis nostris expressa. Recte igitur atque optimo jure pietatem vocavimus quæ pietatis erga summum numen tanquam exemplum esse videatur. Sensus enim ille qui divinus dicitur, quum in æternitatis spatiis dilatari nequeat, et frustra aliquid quærat cui exæquetur et, ut ait Plato, πλησιάσας καὶ μιγεὶς τῷ ὄντι ὄντως, ei adhœreat, in his terrarum orbis angustiis subsistit et, dum materiam exercendis viribus captat, fugitivas istas et perituras res amplectitur in quibus imitationem quamdam et tanquam repercussum Dei colorem interlucere cernit. Hoc est cur patriam, id est solum natale et civium nostrorum societatem tanto studio complectimur : quibus autem artibus se significare possit insita illa pietas nunc est considerandum.

Duo sunt officiorum erga patriam genera. Quorum altera justitiæ, altera caritatis sunt; illa arctiora et certioribus præceptis definita, hæc latius porrecta et quo libentiora, ea cæteris præstantiora.

Nemo de patria bene mereri potest nisi legum et institutorum observantissimus; labefactis enim legibus dilabi civitatem necesse est et, quum cives parere legibus desierunt, tunc demum fit illud quod Tacitus in Annalibus suis memorat : « Illæ oblivione, hæ, quod flagitiosius est, contemptu abolentur. » Sed copiose de his disserere, ut vulgatum jam, ita inutile esset. Nunquam enim illi pro patria se vixisse gloriari licebit, qui neque contra salutem omnium conspiraverit, neque novas res erit aggressus ; parum est patriæ non nocere, nisi ultro benefacias. Nocere enim te leges prohibebunt, neque tuum id est meritum ; quod sponte et rato consilio patriæ dederis, hoc unum tibi licebit vindicare. Num est quidquam turpius quam solum intra se vivere civibus inutilem? quam despicere aliorum negotia et tempestates securum ipsum et discriminis expertem? Non in desidia et inertia virtus consistit, neque in contemplatione et, ut Epicureorum vocabulum usurpem, ἀταραξία, sed in actione, quam Grœci ἐνεργείαν appellavere, sita est. Deus animis nostris « dignitatem causalitatis communicavit » et virtutis suæ quasi flumen aliquod infudit, ne segnes et inertes tanquam bestiæ viveremus : « aguntur ut agant, non ut nihil agant. » Itaque viribus cuique suis utendum est et, pro virili parte, adnitendum ut communi utilitati succurrat. Non ad id societates hominum valent ut alii otio et luxu fluant, alii laborent atque exsudent ut se ipsos tueantur et cœteros saginent. Sed, quum « non omnia possimus omnes, » et varias artes a natura sortiti simus, nihil est aut naturæ congruentius, aut omnium utilitati, quam si alii aliis opitulentur et in quibus quisque excellat, iis potissimum incumbat ; ita mutuo auxiliorum quasi commercio coalescere societas atque augeri potest.

In primis respublica vel optimo vel humillimo cuique civi curanda est ; non quod omnes ad gubernaculum assidere oporteat, verumtamen nulli a civitate ita secedere fas est ut quidquid evenerit æquo animo accipiat. Etenim universitas civium, ea demum civitas, ea patria est ; quod quasi corpus animantium corporibus simillimum esse debet, in quibus si qua læsa aut offensa pars est, totum commovetur. Aspernanda est igitur illa Stoicorum et Epicureorum dicta sapientia qua rempublicam negligunt, suis privatis negotiis contenti. « Quid ad me ? » inquis. « O miseras hominum mentes, ô pectora cœca ! » Nonne vox illa quæ in conscientiæ recessu loquitur satis aperte declarat quam ad te pertineant patriæ tuæ calamitates ? Est , est profecto patriæ amor, cujus qui vim et imperium negare audet, ille humanam naturam aut exuere aut exuisse se jactat. Sed ad nos revertamur.

De patria merendi non una ratio est : neque ii solum qui ad magistratus accedunt et honores et munera publica gerunt pro patria bene vivere mihi videntur. Fit enim plerumque ut ii non sincera pietate sed ambitione et honorum cupidine huc impellantur; ita provisum esse a natura videtur ut voluptatis aliquid tantis laboribus accederet, et egregia mercede allicerentur, si non virtute, fortissimi viri. Quod si perfecta civitas ulla reperiri posset, in ea quisque magistratus susciperet, non tanquam decora præmia, sed ut præscripta quædam munera quibus fungi deberet, ne a pessimo quoque respublica administraretur. Quicunque autem, altissimis illis of-

ficiis impares, in demissioribus et infimis condi-
tionibus studiosos civium se præstitere, ii, quod
ad se attinet, patriæ ætatem impenderunt. Quid
igitur? Tu patriæ inutilem illum arbitraris, neque recte vivere censes, quem Plato descripsit,
τὸν εὐχερῶς ἐθέλοντα παντὸς μαθήματος γένεσθαι, καὶ ἀσμέ-
νως ἐπὶ τὸ μανθάνειν ἰοντα καὶ ἀπλήστως ἔχοντα? Neque
enim ille rempublicàm capessit, neque civium
suorum utilitatem sibi in animo proponit; sed in
cognitione rerum abditarum penitus et retrusa-
rum inhians et defixus, se ipsum ab omni socie-
tate segregat. Equidem improbandos censeo si
qui ita se philosophiæ studiis dediderunt ut nihil inde ad hominum omnium aut patriæ fruc-
tum emanare et quasi redundare queat. Sed
nullum reperio munus aut ingenuo viro dignius
aut ipsi patriæ utilius, quam se scientiarum et
philosophiæ, et illius præcipue quam moralem
dicunt, cognitioni conferentis, dum non sibi
tantum ipse consulat sed et civibus suis et præ-

cipue adolescentibus. Nempe, quum non præ-
senti modo tempori sed venturo etiam sit pro-
spiciendum, ecquid potest esse pulchrius quam
teneros futurorum civium animos optimis præceptis informare, quidquid cognoveris in eorum
mentes infundere? Philosophia præcipue, quæ
ab actione abhorrere videtur, maximam vim
habet ad erudiendos adolescentes, quam « con-
temptui habitam per totam vitam hominis se
ulcisci » præclare dixit recentior quidam philo-
sophus. Nonne Platonis ipsius vox illa prædi-
catur : tum demum homines beatos fore quum
aut civitates a philosophis regi cœperint, aut
principes philosophari? Quæres quid ad quæs-
tionem? Ecquid sentis, quum philosophia tantum vel homini vel civitati conferat, fieri nullo
modo posse ut philosophi inutiles in civitate
sint. Imo qui philosophiæ incumbant quam
plurimos sibi civitas quævis optare deberet ut
a teneris adolescentium animi, tanquam sanos

cibos depasti, nihil nisi bonum et magnum cogitarent, quod Plato præclarissime in dialogo de Republica explicat, « ἵν', ὥσπερ ἐν ὑγιεινῷ τόπῳ οἰκοῦντες, οἱ νέοι ἀπὸ παντὸς ὠφελῶνται, ὁπόθεν αὐτοῖς ἀπὸ καλῶν ἔργων, ἢ πρὸς ὄψιν, ἢ πρὸς ἀκολν, τι προσβάλη, ὥσπερ ὥρα φέρουσα ἀπὸ χρηστῶν τόπων ὑγίεαν. » Non illi tamen concedemus inutiles patriæ cives esse vel optimos poetas, nedum ii nobis e civitatibus tanquam pestes ejiciendi esse videantur. Nullas enim artes repudiabimus quæ ad communem utilitatem aliquid afferre possint. Oratores autem et poetæ non mediocri munere funguntur, quippe qui mores ad meliorem frugem revocare et virtutem et patriæ amorem in animos injicere et fortitudinem exstimulare sciant. Supervacaneum est Tyrtæique et Solonis vulgata jam et in fastidium versa illa exempla memorare, quorum alter Spartanos ad bellum et victoriam carminibus traxit, alter cives suos bello Ægineto fractos ad recuperandam Salamina perpulit, mox legi-

bus et institutis et, ut ita dicam, civitate ipsa
donavit. Tales viros non admiremur, non omni
amore complectamur, non optime de patria mereri profiteamur? Itaque seu te natura præclaro
ingenio seu mediocri, seu pulcherrimis artibus
seu vilioribus ornaverit, sive te beatissima sive
ignobili conditione fortuna, semper tibi pro patria optime vivere pronum erit. Quod optime se
sensisse Plato satis declarat, quum, distributis
in tres ordines adolescentibus, non pro genere
et nobilitate, sed pro cujusque ingenio et natura, alios in exercendis iis artibus quæ corpo-
ris magis quam animi viribus egent ætatem
agere jubet, alios quos « φύλακας » vocat summa
cura eruditos, philosophiæ ipsius non ignaros,
conservandæ civitati præponit, reliquos ad gu-
bernandam rempublicam jam maturos ætate
seponit. Fac ergo tibi partes tuas a gubernatore
ipso assignatas; et tanquam publico munere
fungaris, publica utilitas nunquam non animo

tuo obversetur ; ita demum te civem patriæ amatissimum præbebis.

Alterum jam tractavimus civis officium, quo optimo modo pro patria vivat, nunc ad alterum transeamus. Nam, quum vitæ humanæ mors necessario quodam vinculo adhæreat, parum est vitam optime agendo transire, nisi optime moriendo te tibimet constare probaveris. Quamvis enim mors nostra non amplius quam punctum temporis obtineat, ea tamen vel dedecorare honestam vitam, vel indecoram illustrare, vel honestam cohonestare potest. Tunc enim demum vera spectari solet virtus, « nam, ut ait Lucretius, veræ voces tum demum pectore ab imo eliciuntur, et eripitur persona, manet res. »

Mortem vero nostram sicut vitam patria sibi vindicat ; utraque patriæ devovenda est. Sed omnium qui pro patria moriuntur longe diversa est conditio. Alii enim, ne plerosque dicam, in acie pro domibus, pro templis, pro civibus decertantes, acceptis adverso pectore vulneribus, mortem invenere. Dies me deficiat si vellem enumerare quot principes, quot milites, in medio florentis aetatis cursu intercepti, fortiter periverint. Sed ii, famam et nomen apud posteros adepti, magnam suae virtutis partem ab amore laudum hauserunt, qui quidem, ut maximarum rerum auctor, ita patriae pietati minime comparandus est. Itaque quanquam pulchrum atque honestum pro patria in acie mori poetae cecinerunt, tamen admiratione dignior qui, certo consilio, procul a gloriae lumine, propter incredibilem quemdam civium suorum amorem, animam offert atque impendit, sicut fertur et medicos et sacerdotes, saeviente aliquo morbo, corpora sua contagioni objecisse, et, dum morientium lectis assidentes allevare dolorem conarentur, eodem malo affectos una concidisse. Nonnulli autem diu noctuque libris impallescentes lento morbo consumpti interierunt, quorum mors ignobilis silentio transiit. O beatam quamvis ingloriam viri illius conditionem cui neque tubarum sonus, neque morientium clamores morienti obstrepere, cujus de vita dici potest quod in sanctis libris dicitur, « pertransiit benefaciendo, » cujus autem morti convenit hoc Platonicum « τελευτήσας πραγμάτων ἀπάλλαγῇ! »

Quid vero de iis putandum est qui, patriæ calamitatibus perpulsi, sibi mortem ipsi consciverunt? Non equidem tales omnino vituperare audeam, nam quis est qui audeat? Neque tamen laudandos esse dixerim. Sæpius enim majore constantia opus est ad vitam quam ad mortem tolerandam, et illi quidem melius et honestius, Catonis exemplum aspernati, dolorem suum vicissent et ingruentis fortunæ minis restitissent. Nempe majorem profitetur patriæ pietatem qui in vita durare sustinet quam qui nutantem patriam et ruinæ jam obnoxiam in extremo discrimine derelinquit. Ad hoc in hujus vitæ conditione suas cuique partes fortuna distribuit quas neque eligere neque recusare cuiquam licet. Itaque tanquam in scena tragœdi, sic in vita nos gerere debemus, neque prius decedere quam fabula sit omnino peracta. Non igitur optime de patria merentur qui sibi mortem conscivere ; sibi enim periere, non civibus suis; et, quum se humana conditione liberare « vitamque vellent pro laude pacisci, » morte ipsa quod cupiebant adepti, paribus cum patria rationibus discessere.

2 juillet 1873.

Coulommiers. — Typ. A. MOUSSIN.

www.ingramcontent.com/pod-product-compliance
Ingram Content Group UK Ltd.
Pitfield, Milton Keynes, MK11 3LW, UK
UKHW021008120726
13693UKWH00004B/1840